Geflügelte Worte meines Engels

Zora Gienger

GONDROM

Inhalt

Schutz und Trost der Engel

Engelkräfte sind göttliche Gedankenformen, die in jedem Menschen zur fließenden Energie werden. Wer den Engelsenergien folgt, folgt seiner eigenen Intuition, der inneren Stimme der persönlichen Wahrheit und Weisheit. So kann jeder in sich selbst das göttliche Licht und das Bewusstsein der ganzheitlichen Liebe entdecken und sich in schwierigen Zeiten vom Licht der Engel inspirieren, trösten und schützen lassen. Werden Sie selbst zum Engel durch Ihre Herzenswärme, Ihre Liebe zu sich selbst und zu allem Geschaffenen. Lassen Sie das Licht Ihres Herzens hinaus in die gesamte Welt strahlen, sodass es Sie selbst erhellt, Ihnen Hoffnung gibt und Wegweiser für alle Zeiten sein wird.

Auf diese Weise fallen alle Illusionen von Ihnen ab. Sie klären und reinigen Ihren Geist und können sich den lebendigen Energien Ihres Daseins vertrauensvoll hingeben. Mit jedem geflügelten Wort Ihres Engels wird in Ihnen ein kleines Wunder geschehen. Denn Engel sind lebendige Energien der Liebe und werden Ihnen liebevolle Wege aus all Ihren Lebenskrisen zeigen. Die spirituelle Schwingung der Engel wird Ihr Bewusstsein erfrischen und Ihnen heilende Momente des Selbstvertrauens schenken. Sie werden wissen, dass der Engel in Ihnen jederzeit für Sie da ist und Ihnen stets zur Seite steht.

Wenn der Schmerz des Abschieds dich plagt

Ohne Abschiede, geliebtes Menschenkind,
wird kein Neuanfang möglich.
Nur das, was du in Liebe in dir freilässt,
hat die Chance auf Wandlung.
Verabschiede dich von Ideen und Gedanken,
verabschiede dich von Gefühlen und Worten,
von Menschen, Dingen und Situationen,
dann bist du bereit für die Kraft der Metamorphose.
Lasse den Schmerz des Abschieds in dir zu,
um das Geringe in dir sterben zu lassen,
damit Größeres in deinem Leben Platz findet
und um in jedem Menschen das ewig göttliche Licht zu sehen.

Loslösungsprozesse ermöglichen dir
dich auf etwas Neues vorzubereiten.
Spüre meine Gegenwart in der Zeit der
Vorbereitung und sei bereit, das ewige,
unsterbliche Bewusstsein eines jeden
zu erkennen,
das Abschiede von geliebten Men-
schen als Verwandlungen
zeigt
und das Wiedersehen auf
einer höheren Ebene des
Geistes ermöglicht.

Lichtfunken machen den Abschied leichter

Für jeden Menschen sind Abschiede fast immer schmerzliche Prozesse, lieb gewonnene Gewohnheiten aufzugeben oder Menschen, die einem ans Herz gewachsen sind, in Liebe und Freiheit gehen zu lassen. Wer aber nicht loslassen und Abschied nehmen kann, verbleibt im Stadium des Schmerzes und verhindert inneres und äußeres Wachstum. Schon allein die Angst, etwas oder jemanden zu verlieren, verhindert jegliche Reife und Hinwendung zum unsterblichen Bewusstsein eines jeden. Wer nicht Abschied nimmt, tötet in sich selbst die Möglichkeit des Wachstums. So betrachtet ist jeder Abschied das Loslassen einer Entwicklung, die beendet ist und nun nach Neuem strebt.

Ein Abschied kann sehr schnell gehen, kann aber auch sehr lange dauern. Und erst, wenn der Abschied voll und ganz vollzogen ist, wird Platz geschaffen für ein neues Bewusstsein, für neue Möglichkeiten im Leben, aber auch für eine neue Denkweise, für Verstehen, Liebe und

Selbstannahme. Abschied nehmen bedeutet nicht, den geliebten Menschen nie wiederzusehen. Es bedeutet, ihm und sich die Möglichkeit zu geben, den eigenen Weg zu beschreiten. Als unsterbliches Bewusstsein und göttliches Licht, das alles Geschaffene vereint, findet alles und jeder wieder zurück zur Einheit. So werden Wiedervereinigung und Neugeburt möglich.

Wenn Lebensängste dich erschrecken

Wenn die Angst dich zerfrisst, liebstes Menschenkind, erkenne, dass es lediglich
Muster deines Denkens sind, die deinen Blick bestimmen.
Du bist in deinem Bewusstsein immer vollkommen, ganz und heil.
Mein Wort behütet dich und lenkt deinen Blick
weg von angstvollen Projektionen und Illusionen,
sodass du die Perspektive wechseln kannst
und Hinwendung zum Licht erfährst.
Du und das göttliche Bewusstsein sind immer eins,
es gibt keine Trennung von Licht und Liebe.
Vollkommenes Licht und bedingungslose Liebe
weisen dir den Weg zu dir selbst zurück.
Als Wesen aus Freude und himmlischer Kraft
kannst du Vertrauen schöpfen und deine eigenen Energien entfalten.

Blicke auf zum Gipfel, zum Höchsten, und trage den festen Glauben in dir, dass dein Leben Sinn hat.
Übergebe mir deine Ängste, damit du sie los wirst und neues Licht in dich hineinstrahlen kann.

Hoffnungskräfte gegen Ängste

Zahlreiche Ängste begleiten den Menschen durchs Leben. Es sind die dunklen Schatten auf der Seele, die einem immer wieder zuflüstern, nicht gut genug zu sein, mit dem Leben nicht zurechtzukommen und an den täglichen Herausforderungen zu scheitern. Ängste können so stark werden, dass sie den Menschen lähmen und ihm seine Kompetenz rauben, den Sinn seines Daseins zu finden und mit Freude die Aufgaben seines Lebens zu meistern. Mit Hilfe der göttlichen Kraft der Engel kann der Blickwinkel verändert werden.

Dazu müssen die Ängste dem Engel übergeben werden, um sie ganz und gar loszulassen. Dies ist ein Akt der Befreiung, der die Last der Ängste von der Seele nimmt. Nun erfolgt die bewusste Hinwendung zum göttlichen Licht, das jeder in sich trägt. Bedingungslose Liebe zum eigenen vollkommenen göttlichen Bewusstsein schenkt neue Energie. Das Herz wird frei, um Frieden zu empfinden und angstvolle Denkmuster zu verändern.

Nun kann neues Selbstvertrauen wachsen und der Glaube an die eigene Vollkommenheit und die Einheit mit Gott erfahren werden. Der unerschütterliche Frieden und das Bild der Vertrauens verändern das Denken, Fühlen und Handeln. Und Ängste sind dann nur noch das, was sie sind: nämlich Illusionen.

Wenn du dich arm fühlst

Geliebtes Menschenkind, allein durch deine angeborenen Talente bist du ein Mensch voller Reichtum.
Dein schöpferisches Potential schenkt dir Erfüllung, wenn du es in dir entdeckst und zum Ausdruck bringst.
Gehe auf die Suche in dir selbst und finde dort die Fülle der Lebendigkeit.
Die Fülle des Lebens und der Liebe.
Als göttliches Bewusstsein bist du alles, was du dir nur vorstellen kannst und kannst alles in dir zur Entfaltung bringen.

Mein Engelsbewusstsein hilft dir, den Blick weg von Armut und Armseligkeit hin zu Reichtum, Erfüllung und Vollkommenheit zu lenken. Denn erst dann wirst du beginnen, dich satt und wohl zu fühlen, wenn du weißt, dass du in der Hinwendung zu deinem inneren Reichtum und durch die Reichhaltigkeit und Fülle deines Denkens mit Tatkraft und guten Gedanken auch deine innere Leere und deine äußere Armut in ewige Fülle verwandeln kannst.

Glücksstrahlen statt Gefühle des Armseins

Armut ist viel mehr als das Fehlen von Geld und Gütern. Es ist das Gefühl der Leere im Inneren und Äußeren und die Angst, dass nie genug zum Leben und Überleben da ist. Dieses bohrende Mangelgefühl schafft Unwohlsein und sorgt dafür, sich klein, unbedeutend und armselig zu fühlen. Aus diesem Gefühl entsteht dann das Gedankenmuster, das Wertlosigkeit und Hoffnungslosigkeit vermittelt.

Nun gilt es, den Blickwinkel zu verändern und mit Hilfe der Engelskraft das eigene Selbst wertzuschätzen, indem die Sicht auf die angeborenen Talente und den inneren, lichtvollen und göttlichen Reichtum gelenkt wird. Langsam entsteht dann das Gefühl, Erfüllung zu verdienen und diese in sich selbst zu entdecken. Die Entdeckung der eigenen Möglichkeiten und Kompetenzen macht stolz und lässt inneren Reichtum durch Wohlgefühl spüren.

Das empfundene Wohlgefühl führt wiederum zu einer neuen Sichtweise und dem Bewusstsein, aus der inneren Fülle heraus schöpferisch tätig zu werden und mit Tatkraft, Mut und Ausdauer den Sinn des Lebens zu erfüllen, sich Aufgaben zu suchen und kreativ mit seinen individuellen Möglichkeiten und Kompetenzen auch im Äußeren Reichtum zu schaffen.

Mit Sanftmut verfliegt der Ärger

Wenn du dich ärgerst, liebes Menschenkind,
verlierst du deine Balance und richtest den
Unmut nur gegen dich selbst.
Das, was in dir Ärger verursacht, sind
nichts anderes als Resonanzen von äußeren
Schwingungen, die in dir selbst noch nicht im
Gleichgewicht sind und nun als Ärger in dir schwingen.
Die Ursache deines Ärgers ist wie ein Blick in den Spiegel, der
dir Seiten zeigt, die auch in dir schlummern und dich nun unangenehm
berühren.

Nimm meine Engelskraft an, um die Missschwingung in dir zum Stillstand zu bringen und Frieden zu empfinden.

Denn du bist ein Kind des Lichts und der Liebe, im Einklang mit dem göttlichen Prinzip der Harmonie und Ordnung.

Lass die Schwingungen durch dich hindurch schwingen, ohne lange in ihnen zu verweilen.

Lass sie kommen und wieder gehen wie Wellen des Windes und des Meeres, ohne an ihnen festzuhalten und bleibe im Frieden deines Herzens.

Gelassenheit statt Ärger

Wer sich ärgert, tut sich selbst nichts Gutes. Er leidet an der Welt und an sich selbst. Denn jeder Ärger ist wie ein Blick in den Spiegel. All die verdrängten und ungeliebten Seiten des eigenen Wesens finden ihren Widerhall. Der Mensch ist in Resonanz mit diesen Schwingungen, die den Ärger in ihm auslösen. Ansonsten würden ihn diese Schwingungen nicht aus seiner inneren Ruhe bringen oder einfach durch ihn hindurchfließen, ohne Ärger zu hinterlassen.

Menschen, die sich oft ärgern, sind noch nicht bereit, sich der eigenen Entwicklung zu stellen. Sie sind wie kleine Kinder, die mit Trotz reagieren und den Fluss der Selbsterkenntnis und des inneren und äußeren Wachstums blockieren und verweigern. Es ist eine menschliche Schwäche, die vor kaum jemandem Halt macht, wenn einen der heilige Zorn befällt, weil der eigene Wille nicht mit dem Inneren und Äußeren übereinstimmt.

Mit Hilfe der gütigen Engelskraft wird es möglich, zum Kanal zu werden und sämtliche ärgerlichen Schwingungen einfach hindurchfließen zu lassen, ohne aus der inneren Ruhe zu fallen, sondern felsenfest zu stehen und gelassen zu bleiben und den Ärger mit Licht und Liebe aufzulösen, sodass man sich selbst als Bote des Friedens und der Liebe erkennt und diese Kraft gewandelt auch nach außen bringt.

Süße Elemente der Leichtigkeit

Tauche ein in die Süße des Lebens, liebstes Menschenkind, und lasse
die Dinge, Menschen und Situationen los,
die dich bitter machen.
Wenn das Gefühl der Bitterkeit in dir überwiegt,
dann horche in dich hinein,
ob dein Denken nicht das Bittere in sich trägt und es nicht Zeit wird für
einige süße Elemente der Leichtigkeit, die deine Gedanken verändern
und ihnen neue Frische schenken.
Frage dich, wie dir das Leben schmeckt,
und ob du nicht bereit bist, einen neuen Geschmack am Leben
zu finden, der so ganz anders ist als das bisher Gewesene.
Konzentriere deine Gedanken auf das, was du wirklich möchtest,
dann wird sich der Geschmack deines Lebens von alleine verändern.

Mit Leidenschaft und Ausdauer wirst du die Bitterkeit verwandeln können und mit meiner Hilfe die Magie deiner wahren Lebendigkeit spüren, die so süß und lieblich ist, dass du in diesem geschmackvollen Licht Zeit deines Lebens bleiben und es genießen kannst.

Zärtlichkeit statt Bitterkeit

Bitterkeit tritt immer dann auf, wenn von der Süße des Lebens nichts wahrgenommen wird. Wer bitter ist, lacht nicht gerne, weil er nichts zu lachen hat. Er fühlt die Bitterkeit in seinem Denken und Handeln und macht oft genug andere für dieses Gefühl verantwortlich, ohne zu sehen, dass er sich jederzeit dazu entscheiden kann, dem Leben einen neuen Geschmack zu verleihen.

Manchmal steht man sich auch selbst im Wege und verwehrt sich die Möglichkeit, die süße Leichtigkeit des Lebens zu kosten. Ja, so mancher lehnt die Süße seines Lebens gänzlich ab und bewahrt das bittere Gefühl in seinem Herzen, weil er glaubt, ihm würde ein süßer Geschmack nicht bekommen.

Er trägt die Bitterkeit wie ein Schild vor sich her und sucht nach Anerkennung und Mitleid. Ein bitterer Mensch bemitleidet sich selbst, statt sich an den Wundern des Lebens zu erfreuen und die süßen Stücke des Lebens, die ihm von allen Seiten immer wieder angeboten werden, mit Vergnügen anzunehmen.

Die Engelskräfte bringen ein neues Selbstverständnis in die Gedanken des Menschen, damit er Geschmack am Leben findet, wieder über sich selbst und die Welt lachen kann und die Freude der eigenen schöpferischen Kraft in sich zum Wohle aller entdeckt.

Wunderbare Mächte helfen bei Chaos

Liebstes Menschenkind,
Chaos ist nichts weiter als die hochpotenzierte Kraft
aus ungerichteter, strukturloser Form, die als unkon-
trollierter Energiefluss auf dich einstürmt.
Wenn du versuchst, dich dieser Kraft entgegenzusetzen,
wirst du im Inneren und Äußeren zerrissen werden,
dich ausgelaugt fühlen und im Kampf gegen das Chaos
all deine Kraft verlieren. Mit meiner Engelshilfe wirst du
lernen,
wie ein Kanal all die Flüsse ungehinderter Energie durch dich
hindurchgleiten zu lassen, sie aufzunehmen, sie anzunehmen,
ihnen eine sinnvolle Richtung zu verleihen und schließlich loszulassen,

ohne dass deine eigene Energie dabei verloren geht. Als vollkommenes Geschöpf Gottes bist du ein Träger des Lichts, dessen Flamme niemals durch angreifende Einflüsse verlöscht werden kann. Deshalb lasse los, kämpfe nicht mehr und biete dem Chaos keinen Widerstand, sondern nur felsenfeste Standhaftigkeit, Flexibilität und Durchlässigkeit.

Ja zur chaotischen Energie

Wer über das Chaos in seinem Leben klagt, hat noch nicht erkannt, dass die Kraft des Chaos eine sehr starke ist, die sehr wohl ein großes Potential an Schöpferkraft in sich trägt und jetzt in die richtige Richtung gelenkt werden muss. Die Energie des Chaos schwingt sehr schnell und fordert den Menschen heraus, sich mit ihr konstruktiv auseinanderzusetzen.

Wer anfängt, gegen das Chaos mit all seiner Lebenskraft zu kämpfen, wird schließlich verlieren und geschwächt sein. Die schnelle Schwingung wird ihn innerlich und äußerlich zerreißen. Die Engelskräfte helfen dem Menschen, das eigene Licht in sich hell leuchten zu lassen und die göttliche Kraft des Chaos zielgerichtet durch sich hindurchfließen zu lassen.

Das uneingeschränkte Ja zu dieser chaotischen Energie wird dafür sorgen, dass der gebündelte Energiefluss durch Körper, Geist und Seele hindurchfließt, eine sinnvolle Richtung erfährt, die dem Menschen eine Bereicherung sein wird, und schließlich losgelassen wird. Diese durch das Chaos neu hinzugekommenen Impulse werden das menschliche Denken erweitern, ohne die eigene Energie anzugreifen oder das energetische Niveau zu senken.

Depressionen durch Verwandlung heilen

Geliebtes Erdenkind, es wird Zeit, dein göttliches Licht in dir bewusst wahrzunehmen, wenn dich Depressionen plagen.
Die vermeintliche Hoffnungslosigkeit und Sinnlosigkeit deines Lebens ist nichts anderes als ein getrübtes Bild, wenn dein Denken sich in der Dunkelheit verfangen hat und Missschöpfungen deines Geistes dir die Sicht zu deinem inneren Licht und deiner Göttlichkeit versperren.
Alles in dir und mit dir ist von Unendlichkeit geprägt, von Zufriedenheit, Sicherheit, Licht und Liebe.
Du selbst bist die Liebe, du selbst bist die Erfüllung, du selbst bist die unendliche Ausdehnung und das ewige Licht Gottes.
Als Engel nehme ich dich an der Hand und führe dich sicher durch die dunkle Illusion deines Lebens hindurch.

Ich zeige dir die wahre Bedeutung deines Lebens,
den Sinn deines Daseins als Mitschöpfer dieser
Welt und helfe dir,
mit neuen Visionen wieder
Hoffnung zu schöpfen, sodass du
wieder Lust auf dein Leben, seine
Wunder und Herausforderungen
bekommst.

Zauber der Verwandlung

Depressionen sind mehr als eine medizinische Diagnose. Sie können von außen ausgelöst werden oder aber auch von innen rühren und den ganzen Menschen in tiefe Hoffnungslosigkeit stürzen. Das Leben ergibt scheinbar keinen Sinn mehr, und alles kommt zum Erliegen. Es ist keine Kraft mehr da, den Alltag zu bewältigen oder gar neue Ideen oder Visionen zu schaffen und in die Tat umzusetzen.

Jetzt hilft das stetige Licht der göttlichen Kraft der Engel, um die Dunkelheit langsam zu durchschreiten und den Blick allmählich wieder auf sich selbst zu richten. In der Gewissheit, dass jedes Geschöpf ein vollkommener und erfüllter Ausdruck Gottes ist und in seiner Kompetenz, seiner Einzigartigkeit und Mitschöpferkraft unendlich und ewig ist, fällt der Schleier der hoffnungslosen Sinnlosigkeit.

Das Leben selbst ist endlich, aber in dieser kurzen Spanne voller Wunder liegt die Lust, dieses Leben auszuprobieren, es kennen zu lernen, es zu gestalten und mit Visionen und Tatkraft zur Erfüllung zu bringen. Das ist Lebensfreude, das ist Lebenslust. Und dieser Funke kann zur leidenschaftlichen Flamme werden, wenn der Blick auf das innere, ewige Licht fällt und dort einzig Einmaligkeit, Schönheit und Seligkeit findet.

Freundschaftsenergien wärmen dich, wenn du einsam bist

Einsam, liebstes Menschenkind, bist du nur dann, wenn du dich verschließt und dein Herz geschlossen hältst für die Überraschungen und die Einzigartigkeit des Lebens. Lass dich ein auf die Schwingungen deiner Mitmenschen, welcher Art sie auch immer sein mögen. Genieße die Öffnung deiner Seele, deines Geistes und deines Körpers, um dich dem Leben und allen Geschöpfen hinzugeben, sie in dir aufzunehmen und ein Teil deiner Gedanken, deiner Gefühle, deiner Meinung, deiner Lebendigkeit, deines Leibes und deines Wesens mit ihnen zu teilen.

Du bist nur dann einsam, wenn du nicht bereit bist zu geben. Gebe endlos, wende dich den anderen zu, denn du selbst bist die Fülle, die Liebe, das Licht und die Unendlichkeit. Dann fließen Wellen der Einheit zu dir zurück, sodass du erfährst, dass du niemals von irgend jemandem getrennt bist. Du bist nie von dir selbst, von deinen Mitmenschen oder von Gott getrennt. Es ist immer Einheit vorhanden, sodass du stets die Erfüllung des Einsseins erfahren kannst.

Freundschaft statt Einsamkeit

Wer einsam ist, hat Angst, sich der Welt zu öffnen und sich dem Fluss des Lebens hinzugeben. Vielleicht ist er schon so oft enttäuscht und verletzt worden, dass er sich verschließt und niemanden mehr an sich heranlässt. Und sich schließlich über Einsamkeit beklagt. Oder er ist hochmütig, und die anderen sind ihm nicht gut genug. Vielleicht aber ist er auch einfach nur untätig und kraftlos und die Öffnung seines Herzens sowie die Hinwendung zu einem anderen Menschen ist ihm schon zu viel Aufwand.

Die Engelskräfte bieten Lösungen, indem sie den Menschen auffordern, sich dem Leben und all seinen Geschöpfen zuzuwenden, Liebe fließen zu lassen, zu geben und aus der Fülle der eigenen Göttlichkeit zu schöpfen und sich mit Leib und Seele allem Lebendigen hinzugeben. Diese Hingabe erfolgt voll und ganz und wird schließlich zu reiner Lebensfreude, weil nun alles Innere und Äußere geteilt werden kann und Einheit wirklich mit allen Sinnen leiblich, seelisch und geistig erfahrbar ist. Endlich fühlt der Mensch, dass er niemals getrennt existiert und der Gedanke der Einsamkeit nur eine Projektion seines Denkens ist. Für alle Zeiten sind alle miteinander verbunden. Sie sind Teil der göttlichen Kraft und Teil von allem Lebendigen. Sie sind Einheit aus der Einheit und in der Einheit. Und nichts kann daran etwas ändern.

Entdecke die Unendlichkeit, wenn du dich beengt fühlst

Geliebtes Kind, komm mit mir an den
Horizont deines Denkens
und erfahre die Weite, die du selbst bist
und aus der du stammst.
Du bist ausgedehnte Unendlichkeit im
Kleide eines Körpers, der dir manchmal
Enge verursacht und dir die Luft zum
Atmen raubt.
Mit meiner Hilfe kannst du die Enge
überwinden und erfahren, dass die
verdichtete Materie dir trotz allem
Halt und Geborgenheit vermittelt.
Enge wird so umgewandelt zu struktureller

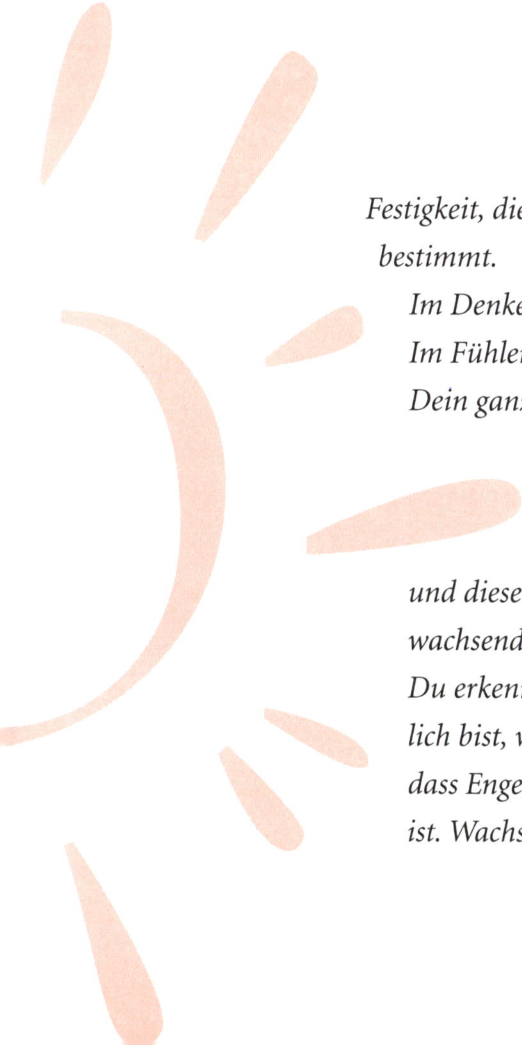

Festigkeit, die einzig und allein dein Äußeres
bestimmt.

Im Denken bist du frei und weit.
Im Fühlen bist du frei und weit.
Dein ganzes Sein ist Freiheit, Weite und
Unendlichkeit,
dein Körper und deine Persön-
lichkeit sind in Entwicklung,
und diese Entfaltung vollstreckt sich langsam
wachsend und befreiend.
Du erkennst immer deutlicher, wer du wirk-
lich bist, was der Sinn deines Lebens ist und
dass Enge nur die Erfindung deiner Gedanken
ist. Wachse und werde weit.

Unendlichkeit statt Engstirnigkeit

Enge hat mit Engstirnigkeit zu tun, aber auch mit dem Gefühl, zu ersticken und von außen eingeengt zu werden. Sie vollzieht sich im Inneren wie im Äußeren und umfasst das Körperliche, das Seelische und Geistige. Jede Art von Enge kann mit dem Gefühl von Weite und Offenheit, von Grenzenlosigkeit, von Freiheit und dem Bewusstsein, vom göttlichen Ursprung her völlig unbegrenzt zu sein, überwunden werden.

Die Enge, das ist der Mensch selbst, wenn er seinen Blick nicht auf die eigentliche Grenzenlosigkeit richtet. Jeder baut sich sein Gedankengefängnis, das ihn einsperrt, ihn eng und klein werden lässt und ihm die Freiheit raubt. Was hält den Menschen ab, völlig frei zu sein und dem Leben Flügel zu verleihen? Es ist die Angst vor dem nächsten Schritt und vor der eigenen Entfaltung und Entwicklung. Offenheit braucht Mut, sich dem Leben hinzugeben und den nächsten Schritt ins Ungewisse zu tun, ungeachtet der Konsequenzen.

Wer sich öffnet im festen Glauben an die göttliche Liebe in jedem und zum Wohle aller dem eigenen Wachstum eine Chance gibt, wird niemals mehr im Gefängnis der Enge verweilen. Er wird das Opfer bringen müssen, Altes loszulassen, um Neues und Besseres empfangen zu können. Im Vertrauen auf das Beste wird Weite möglich im Seinlassen, im Geschehenlassen und in der Hingabe.

Mit Leidenschaft entscheidest du leichter

Sei nicht wankelmütig, geliebtes Menschenkind,
sondern vertraue deiner inneren Stimme
und deiner Intuition,
die dich auf den richtigen Weg führen.
Übernehme Verantwortung für dein
Leben und lasse dich nicht von der Vielzahl
der Möglichkeiten abschrecken.
Auch wenn deine Entscheidung nicht
immer die richtige ist,
so ist sie auf jeden Fall eine wichtige
Erfahrung für dich.
Du lernst aus jeder Entscheidung, dein
inneres Licht zu schätzen, an den Konsequen-
zen zu wachsen und deinem Leben immer wieder
eine neue Richtung zu geben.

Nur aus dem Irrtum kann irgendwann einmal der Erfolg in dir reifen, ohne dass du in Perfektion erstarrst.
Deine Seele kann sich frei entfalten und neuen Gedanken folgen.
Du bereitest den Weg für die Erkenntnis, dass unabhängig von jeglicher Entscheidung dein Selbst unsterblich und unendlich ist und dass immer zur richtigen Zeit das Richtige für dich geschehen wird.
Habe Mut, gehe ein Risiko ein und entscheide dich jetzt!

Keine Angst vor Entscheidungen

Wer wägt nicht gerne das Für und Wider im Leben ab? Soll ich mich entscheiden? Soll ich diesem oder jenem Weg folgen? Das Leben verlangt ständig nach neuen Entscheidungen, und wer die Wahl hat, hat die Qual. Die große Auswahl an Möglichkeiten macht es dem heutigen Menschen schwer, sich auf eine Sache festzulegen, sich zu binden und Verantwortung für die Konsequenzen zu übernehmen, die sich aus der Entscheidung ergeben.

Wer sich nicht entscheiden kann, hat Angst vor falschen Entscheidungen, die Unannehmlichkeiten mit sich bringen. Genau das ist der springende Punkt: Denn auch eine falsche Entscheidung kann samt aller damit verbundenen Unannehmlichkeiten eine wichtige Lernerfahrung sein und zum Reifeprozess des Menschen beitragen. Nicht nur wichtige Erkenntnisse und Erfahrungen können aus jeder Entscheidung gewonnen werden.

Es bedarf Mut und die Hilfe der lichten und weisen Engelkräfte, eine Entscheidung zu treffen, wohin sie auch immer führen mag, Vertrauen ins Leben und in den Sinn des Lebens, Vertrauen in die Grenzenlosigkeit der Seele und die Gewissheit, dass auf jeden Menschen individuell genau die richtigen Wege und Erfahrungen warten, machen Mut zum Risiko.

Erinnere dich bei Enttäuschungen an deine Lebensfreude

Was löst in dir Enttäuschung aus, liebstes Menschenkind?
Bist du enttäuscht, weil deine Wünsche nicht in Erfüllung gehen? Weil dein Wille nicht mit dem Willen der anderen übereinstimmt?
Oder weil dir dein Leben unerfüllt erscheint und du meinst, der Kelch der Fülle und des Glücks ginge an dir vorüber?
Nimm meine Engelkräfte und entdecke in dir, dass du aus reiner Liebe bestehst und ein Kind der unendlichen Fülle bist.
Erfahre deine eigene Herzenskraft und schaffe dir eine neue Vision aus lauter Liebe und Glückseligkeit.
Es liegt an dir, in dir selbst, in jedem Menschen und in jeder Situation nichts als Licht und Liebe zu sehen.
Gehe vom Besten aus und davon, dass die ganze Schöpfung aus Liebe entstanden ist und du deine Liebe hinaussenden kannst, um Erfüllung zu empfangen und das Gefühl der Enttäuschung loszulassen.

Erfahre die Gewissheit, dass alles eins ist und dass aus jeglicher Verbundenheit dein Wille mit dem göttlichen Willen in Übereinstimmung ist.

Verwandlung von Enttäuschungen

Enttäuschung ist ein allzu menschliches Gefühl. Wer enttäuscht ist vom Leben und von den Menschen, hat im Grunde die Gewissheit verloren, ein untrennbares lichtvolles Wesen göttlicher Essenz zu sein. Das heißt, der Mensch hat einfach vergessen, dass er aus der Einheit und Verbundenheit mit allem Lebendigen heraus gar nicht verletzt werden kann. Er ist enttäuscht, weil sein Wille mit dem der anderen nicht übereinstimmt und weil bestimmte Handlungen nicht so ablaufen, wie er sich das vorgestellt hat.

Die Lösung des Problems liegt in der Vorstellungswelt. Wer den Fokus verändert und sich neue Gedanken, Ideen und geistige Bilder sucht, kann unbeirrt seinen Weg gehen, was auch immer um ihn herum geschieht. Er ist unabhängig von Erwartungen und passt seine Vorstellung seinem persönlichen Wachstum an. Treten Disharmonien auf oder Schwingungen, die Enttäuschung auslösen könnten, so wird das innere Bild verändert.

Die Enttäuschung verwandelt sich in Gelassenheit und inneren Frieden. Verständnis und Verzeihen werden möglich. Wer sich selbst und anderen Licht und Liebe schenkt, erlebt Lebensfreude und kann sogar ausgleichend auf fremde Schwingungen wirken, sodass es gar nicht erst zu Enttäuschungen kommt.

Finde neue Vitalität

Du bist am Ende deiner Kräfte, liebstes Menschenkind, weil du dich körperlich, geistig und seelisch völlig verausgabt hast?
Achte auf deine eigenen Bedürfnisse und verpflichte dich deinem Wachstum und nicht allein allen äußeren Tätigkeiten und Vergnügungen.
Versuche, in der Meditation die Stille deiner Seele zu finden und dich dem inneren Licht deines Seins zuzuwenden.
Dann erkennst du auch den Weg, der dich langsam aus der Erschöpfung führt und dir wieder Lebensfreude, innere und äußere Ruhe sowie Fröhlichkeit schenkt.
Nimm dir Zeit für dich selbst, um dich in aller Liebe zu betrachten und das Wunderbare an dir wahrzunehmen.
Und um zu erkennen, dass du es wert bist, in aller Besinnlichkeit zu wachsen und zu reifen. Die himmlischen Kräfte helfen dir, den selbst auferlegten Druck loszulassen und zu erkennen, was du wirklich willst.

Fühle deine Stärke, kläre deinen Geist und verschmelze Herz und Verstand, denn nun kannst die Erschöpfung überwinden und wahrhaftig dem Sinn deines Lebens folgen.

Stärke statt Erschöpfung

Die totale Erschöpfung tritt dann zu Tage, wenn der Mensch gegen seine innere Natur lebt, sich seiner Seele widersetzt und körperlich, geistig und seelisch Raubbau mit sich treibt. Warum tut sich der Mensch das an? Ist es nicht der Wille, sich selbst beweisen zu wollen, wie leistungsfähig man ist? Sind es Gedanken der Angst, Schwäche und Feigheit, den Anforderungen des Lebens nicht gewachsen zu sein? Oder ist es die Angst vor sich selbst, damit bloß keine Zeit bleibt, um über sich selbst und den Sinn des Lebens nachzudenken?

Wer nichts mit sich anzufangen weiß, treibt sich an bis zur Erschöpfung. Die Engelskräfte helfen dem Menschen beim Entschleunigen des Alltags. Sie fordern auf, sich mit Muße nach innen zu wenden und still zu werden. Die Zeit kann stehen bleiben, der Blick wird frei für eine neue Dimension der Selbstwahrnehmung.

Was will ich wirklich? Was ist mir wichtig? Was ist wesentlich? Diese Fragen vereinen Herz und Verstand und lassen neue Kraft im Menschen erblühen. Plötzlich wird innere und äußere Stärke fühlbar und kann sich voller Lebensfreude ausbreiten. Es macht auch keine Angst mehr, dem Leben einen Sinn zu geben und diesem Sinn in aller Ruhe und Gelassenheit zu folgen.

Wenn die Hartherzigkeit der Welt dich schmerzt

Liebstes Menschenkind,
sobald du meinst, dass dir die Menschen mit hartem Herzen begegnen,
überprüfe dein eigenes Herz.
Gibt es Bereiche deines Herzens, die du verschlossen hältst und an die niemand herankommen kann, weil du glaubst, sonst verletzt zu werden?
Ströme Liebe in dich selbst hinein! Lasse sie tief in dich hineinfließen, um alle Verletzungen zu heilen und dir bewusst zu sein,

dass du selbst reine, wahrhaftige Liebe bist.
Dann erkennst du, dass jeder aus purer Liebe
besteht, und dass jegliche Verhärtungen des Her-
zens nur überflüssige Ängste sind, weil du dich
getrennt von Gott und der Welt
empfindest.
Erst ein offenes, mutiges Herz, das Liebe
ausströmt, heilt die Hartherzigkeit der ganzen Welt.
Bleibe ganz in dir selbst ruhend, fühle den Frieden dei-
nes Herzens und entdecke in dir den ewigen Strahl
aus Offenheit, Mitgefühl, Licht und Liebe.
Du wirst geliebt wie du bist!

Mitgefühl bei Hartherzigkeit

Wer in der Welt nur Hartherzigkeit findet, hat die Liebe in sich selbst noch nicht gefunden. Hartherzigkeit ist nichts anderes als ein Verstecken des eigenen Lichts und der wunderbaren Möglichkeiten, die jedem unbegrenzt zur Verfügung stehen. Aus lauter Angst vor Verbundenheit, Verletzungen und wirklich wahrer und offener Kommunikation miteinander verschließen sich die Menschen und bauen Mauern um sich herum, bis ihre Herzen verkrusten und hart werden.

Es wird also Zeit, sich in die Arme nehmen zu lassen und in sich die Gewissheit zu entdecken, ein Kind aus Licht und Liebe zu sein, das mit jedem und allem in Verbindung ist und geliebt wird wie es ist. Sich selbst zu akzeptieren und zu lieben ist ein Weg, die eigenen Mauern des Herzens abzutragen. Dann fließt der Strom der Liebe ins eigene Herz und kann dort heilsam wirken.

Sich selbst mit Liebe zu füllen, ist der beste Weg, auch anderen Menschen diesen Weg zu offenbaren. Denn mit dem lichtvollen Mut zur Offenheit, dem Loslassen der Ängste und dem Erkennen der köstlichen Verbundenheit miteinander kann der Strahl der Liebe auch andere verkrustete Herzen heilen.

Wenn du dich heimatlos fühlst

Keine Wurzeln, keine Heimat, kein Zuhause?
Geliebtes Menschenkind, deine wirkliche Heimat ist immer dort,
wo dein Herz und deine Seele zu Hause sind.
Dies muss kein Ort sein, sondern ein Zustand aus lauter
Glückseligkeit, der dir zeigt, dass deine Wurzeln
überall sein können.
Dein Platz in der Welt, deine Heimat, ist dort, wo
du den Aufgaben deines Lebens gerecht und zum
Mitschöpfer der Welt wirst, indem du deine Kreati-
vität entfaltest, deine Talente einsetzt und somit
dem Sinn deines Lebens folgst.
Wende dich dem Wesentlichen in deinem Leben zu,
dann fühlst du dich wohl, geborgen und beheimatet, wo
auch immer du sein magst.

Erkenne in dir selbst die ewige Liebe und in deinen Mitmenschen Brüder und Schwestern der Liebe und Verbundenheit, denn dann ist die ganze Welt und dein ganzes Sein ein wundervolles Zuhause.
Fremd bist du nur dort, wo du nicht wagst, dein Herz zu öffnen. Deshalb finde Frieden in dir und deinen Mitmenschen, werde zum Lichtstrahl aus Güte und Entgegenkommen und lächle der Welt entgegen, auf dass sie dich überall herzlich willkommen heißt.

Liebe ist Heimat

Das Gefühl der Zugehörigkeit und des Willkommens kann nicht an bestimmten Orten festgemacht werden. So ist es möglich, überall Wurzeln zu schlagen und in sich selbst sowie in allen anderen Menschen und allen Plätzen der Welt Heimat zu empfinden. Denn die ganze Welt ist das Zuhause des Menschen. Denn das ganze Universum ist das Zuhause des Menschen. Heimat ist dort, wo Liebe ist. Und alles ist Liebe. Alles Geschaffene, alles Lebendige, alles Denkbare ist Heimat, weil es das Sein des Menschen aus Liebe betrifft.

Aus diesem Grunde ist es so wichtig, sich nach dem Sinn des Lebens zu fragen und in den Lebensaufgaben und der großartigen Möglichkeit, die Welt aktiv mitzugestalten, Heimat zu finden. Die Engelskräfte machen Mut, sich dem Leben zu öffnen und jeden Ort mit Licht und Liebe zu füllen. Denn dies sind die essentiellen Wurzeln, die Himmel und Erde verbinden und Geborgenheit schaffen, wo auch immer der Mensch sich befinden mag.

Durch das Strahlen der Liebe werden Ängste losgelassen und kann sich alles Befremdliche und Fremde zwischen Menschen auflösen und somit zu Respekt, Anerkennung, Zuneigung und wahrer Brüderlichkeit werden.

Wenn du in Hektik bist und dich gestresst fühlst

Liebstes Menschenkind, wenn du nur noch von einem zum anderen Termin springst, dann hast du vergessen, dich auf den inneren Wunsch deiner Seele zu besinnen.
Es wird Zeit, dein Leben zu entschleunigen und den nächsten Entwicklungsschritt deiner Seele in dir zuzulassen.
Denn mit dem Druck, den du dir selbst auferlegst oder der dir von außen gegeben wird, hast du die bequeme Möglichkeit, Veränderungen aus dem Weg zu gehen und mit einem hektisch fließenden Rhythmus zu überspielen.
Du hast Angst, dich zu verlieren oder etwas zu verlieren, was dir wichtig scheint und gibst nun alles von dir, um allen und allem gerecht zu werden.

Und wirst doch keinem gerecht.
Meine Engelskraft hilft dir, auszusortieren und Prioritäten zu setzen, das Wichtige von dem Unwichtigen zu trennen und die Angst in dir loszulassen, Verluste zu erleiden.
Sei bereit für Veränderungen und sei bereit, dir Zeit zur Entfaltung deiner Seele zu geben.

Bei Hektik und Stress hilft Harmonie

Hektik und Stress sind die geflügelten Worte unserer Gesellschaft. Sie spiegeln die große Angst wider, sich selbst zu verlieren oder Verluste zu erleiden. Sie zeigen aber auch den Willen, sich ständig für alles und jeden einzusetzen und immer und überall präsent zu sein, zum Teil, um allen gerecht zu werden, zum Teil aber auch, um sich nicht mit sich selbst auseinander setzen zu müssen.

Denn in Wirklichkeit stehen Veränderungen an, der nächste Schritt, seine Seele entfalten zu können und innerlich zu reifen und zu wachsen. Hektiker vereiteln dieses Wachstum, denn Reife und Entwicklung benötigen Zeit. Sie verharren lieber ganz bequem in gewohnten Bahnen, verhindern das Nachdenken mit hektischer Betriebsamkeit und haben Angst, an den Lebensumständen, die Stress mit sich bringen, etwas zu verändern. Meist muss es dann zu einem völligen Zusammenbruch oder zu einer Krankheit kommen, um endlich im Leben Prioritäten zu setzen.

Die Engelskräfte helfen dem Menschen, in sich die Stärke zu entwickeln, sich ganz bewusst und ohne Angst auf das Abenteuer des Lebens und den Weg der Seele einzulassen, sich selbst zu lieben und sich immer und überall frei und geliebt zu wissen. Im Erkennen des eigenen Lichts und der Liebe liegt das Geschenk der Zeit.

Wenn du mit Intoleranz zu kämpfen hast

Wenn du intolerantem Verhalten begegnest, liebes Menschenkind, dann ist dies immer Ausdruck von geistiger Starrheit.
Denn dann ist das Denken nicht mehr flexibel genug, um ganzheitlich Offenheit zuzulassen.
Versuche in dir selbst Weite und Offenheit zu finden, um mit genügend Selbstliebe deine eigene Lähmung zu überwinden.
Setze Zeichen des Respekts, der gegenseitigen Achtung und Toleranz.
Zeige dein inneres Licht und den Ausdruck von Liebe, der die ganze Welt umspannt, um jegliche Verkrustungen zu lösen
und den Fluss der Lebendigkeit überall spürbar zu machen.
Meine Engelskräfte lassen in dir Liebe reifen, um all die Hürden deines Lebens zu meistern und versöhnende Gedanken an Selbstliebe und Nächstenliebe auszubreiten.

Lasse die weichen Seiten in dir zum Vorschein kommen, die mit ihrer unendlichen Geduld dein Denken flexibel machen.
Werde selbst zur Toleranz, dann wird dein Denken Kreise ziehen und die Welt verändern.

Herzenswärme statt Intoleranz

Andere Meinungen, andere Kulturen, andere Lebensstile, anderes Denken – dem Menschen begegnet eine unendliche Vielzahl an Möglichkeiten, das Leben zu begreifen, es auszudrücken, es zu gestalten und zu leben. Wer meint, die einzige Wahrheit des Lebens gefunden zu haben und andere Möglichkeiten ignoriert, erstarrt in seinem Denken und wird intolerant. Er verhindert, sich selbst weiterzuentwickeln und jede Art von Andersartigkeit wahrzunehmen.

Das bedeutet nicht, dass keine Stellung mehr bezogen werden darf. Meinungen und Sichtweisen dürfen jederzeit zum Ausdruck gebracht werden. Auch wer sich ein Urteil erlaubt, hat Recht. Toleranz bedeutet, die eigene Meinung zu hinterfragen, andere Meinungen wahrzunehmen, ebenso zu hinterfragen und als Wachstumschance zu betrachten. Das ist geistige Flexibilität und Grenzenlosigkeit.

Sobald aber die Würde des Menschen angegriffen wird, ist die Grenze der Toleranz erreicht. Ein Mensch, der sich für das Wohl eines anderen einsetzt und es gegenüber anderen Intoleranzen verteidigt, ist selbst ebenso wenig intolerant wie einer, der bereit ist, gesellschaftliche Werte und Normen zu überprüfen. Die Intoleranz findet dort ihr Ende, wo das Bewusstsein göttlicher Liebe in jedem Menschen gesehen wird.

Heilende Rituale helfen dir bei Krankheiten

Wenn dich Krankheiten plagen, liebstes
Menschenkind,
dann entdecke in dir selbst die göttliche
Vollkommenheit deines Bewusstseins.
Du bist aus Licht, aus Liebe und göttlicher
Essenz gemacht
und jederzeit im Geiste vollkommen.
Krankheiten sind stattdessen Ausdruck körperlicher
Beeinträchtigungen, die dir zum Lernziel geben, dich zu
lieben wie du bist.
Versöhne dich damit, dass ein Teil von dir Krankheiten unterworfen ist, langsam altert und schließlich stirbt.
Die Essenz von dir ist unzerstörbar und ewig.
Aus der Quelle heraus bist du unendliches Licht von Gottes Licht,

und nichts, was der Materie unterliegt, wird daran etwas ändern.

Meine Engelskraft lenkt deinen Blick auf die Vollkommenheit und Gesundheit deines wahren Wesens.

Deshalb blicke hinter die Fassade und entdecke in dir und in jedem Menschen die strahlend gesunde Schönheit der Schöpfung.

Wunder der Heilung

Wenn den Menschen Krankheiten plagen, liegt die Verzweiflung oft nahe. Körperliche Schmerzen rauben die Lebensfreude und lassen das Leben oftmals zur Tortur werden. Leider bleibt niemand von Krankheiten verschont. Ob schwere, tödliche Krankheit oder bloß unangenehmes Zipperlein – jede körperliche Beeinträchtigung ist an sich schon schwer zu ertragen und stürzt so manchen in pure Hoffnungslosigkeit.

Nun treten die Engelskräfte ins Leben und fordern den Menschen mit sehr viel Sanftheit und Zartheit auf, den Blick weg von der endlichen Materie hin zu der göttlichen Vollkommenheit zu richten. Licht, Liebe, göttliche Essenz und klares Bewusstsein sind die wirklichen Bausteine des Lebens, die unzerstörbar und ewig sind. Der Mensch ist vom Wesen her grenzenlose Liebe, ein Gedanke Gottes, zu dem er zu gegebener Zeit wieder zurückkehrt.

Aus diesem Gedanken strömt unentwegt das gesunde Licht der Schöpfung in voller Blüte und Gesundheit. Und so geht es einzig darum, den Blick auf diese unendliche Vollkommenheit zu richten und sich wieder wohl zu fühlen. Dann nämlich liebt sich der Mensch so wie er ist, sieht in sich das Wunder der Lebendigkeit und kann wieder Lebensfreude empfinden.

Wage in einer Krise eine neue Richtung

Liebstes Menschenkind, jede Krise ist wie ein Wegweiser für dich, dass es an der Zeit ist, das Zepter deines Lebens in die Hand zu nehmen und dich von deiner Liebe leiten zu lassen.
Nimm das Leben an, wie es ist, nimm dich selbst an, wie du bist!
Gib dich dem Fluss des Lebens hin!
Empfinde inneren Frieden im Fließen des Lebens,
dann werden Krisen für dich zu Aufgaben des Lernens und der Entwicklung.
Bist du bereit, in jeder Krise auch die Chance für eine Veränderung deines Denkens und Handelns zu sehen?
Bist du bereit, das Beste aus dem Gegebenen zu machen?
Bist du bereit, in dir selbst das Wunder Gottes zu sehen und darauf zu vertrauen, dass genau das Richtige für dich geschehen wird?

Du bist Licht, Liebe und Unendlichkeit, und keine Krise kann deiner göttlichen Essenz etwas anhaben.
Ich schenke dir Selbstvertrauen, denn du bist ein Kind Gottes und hast die Kraft, die Aufgaben deines Lebens zu erfüllen.

Neue Ziele

Es gibt niemanden, der nicht immer wieder von Schicksalsschlägen getroffen wird und die Herausforderungen seines Lebens als Lebenskrisen präsentiert bekommt. Krisen lassen sich genauso wenig wie Krankheiten einfach abstellen. Sie kommen meistens dann, wenn man gar nicht mit ihnen rechnet, einfach so, aus heiterem Himmel. Oder sie brauen sich zusammen wie eine Gewitterwolke über dem Sommerhimmel und bringen Dunkelheit mit.

Die Kräfte der Engel schenken dem Menschen den inneren Frieden. Wenn die ganze Welt um einen herum in der Dunkelheit versinkt, dann bleibt das innere Leuchten der göttlichen Liebe im inneren Frieden konstant. Dies ist die Gelassenheit, die einen alles überstehen lässt. Denn sie lenkt den Blick in Selbstliebe auf die göttliche Essenz im eigenen Inneren, das ewige Licht. So wird der Mensch unverwundbar und kann in sich die schöpferische Kraft finden, aus der Krise das Beste zu machen und an ihr zu wachsen. Und er kann die schöpferische Kraft im Denken, Fühlen und Handeln konstruktiv empfinden und einsetzen, um Veränderungen herbeizuführen und sich dennoch nicht gegen den Fluss des Lebens zu sträuben und sich in tiefem Vertrauen dem Leben hinzugeben.

Nutze die Muße

Nutze die Langeweile, liebstes Menschenkind,
um in dir selbst zur Stille zu finden,
den Herzschlag deines Lebens zu beruhigen
und das Tempo deines Alltags bewusst
zu entschleunigen.
Erkenne in der Langeweile die Chance,
ganz bei dir zu sein,
auf dich selbst zurückgeworfen zu werden.
Zeiten der Langeweile sind Zeiten des Wachstums.
Es geschieht scheinbar nichts, und die Zeit bleibt
scheinbar stehen, doch in dir findet Entwicklung statt.
Mit meiner Hilfe wirst du die Langeweile sicher durchschreiten,
um anschließend die schöpferische Kraft in dir erkennen zu können
und zum Wesentlichen zu finden.

Denn das, was dir wirklich wichtig ist, wird niemals langweilig werden, weil es der schöpferische Ausdruck deines eigenen göttlichen Lichts ist. Werde still und erkenne, dass alles in Ordnung ist!

Dynamik statt Langeweile

In unserer hektischen Welt voller Abwechslungen, Vergnügungen und ständig wechselnden Eindrücken herrscht dennoch meistens gähnende Leere. Noch nie haben sich so viele Menschen gelangweilt wie heute. Sie können mit sich selbst nichts anfangen. Und alle äußeren Ablenkungen schaffen auf Dauer keine wirkliche Befriedigung und Erfüllung. Wer die Langeweile des Lebens als quälend empfindet, sollte die Konfrontation mit sich selbst suchen und sich der Langeweile stellen. Die Kraft der Engel gibt dem Menschen den Mut, die Phasen der Langeweile zu durchschreiten und in ihnen die süße Kraft des Nichtstuns und der Muße zu erkennen.

In der Stille und im Nichtstun findet dennoch ein Tun statt, nämlich die Entwicklung der Seele. Wenn alle Ablenkungen weg sind, kann das eigene göttliche Licht wieder scheinen und die eigene Schöpferkraft beleuchten. Es fällt Licht ins Dunkel der Langeweile und wird zum kreativen Gedanken. Im entspannten Bewusstseinszustand können neue Ideen geboren werden, und die Wahrnehmung fällt auf die wunderbaren Details des Lebens, die die Langeweile schließlich beenden. Dankbar genießt der Mensch die langweiligen Pausen und füllt sie mit Lebensfreude.

Begegne der Lieblosigkeit mit Liebe

Liebstes Menschenkind, du selbst bist die Liebe.
Sie ist ein Teil deines Herzens, ein Teil von dir, weil du ein Teil von Gottes Liebe bist.
Du bist aus Liebe gemacht, aus der Energie allumfassender, ewiger Liebe ohne Grenzen und Einschränkungen.
Deshalb gibt es niemals einen Grund, dich nicht geliebt zu fühlen.
Gehe tief in dich hinein und höre dort das Lied der Liebe,
all die Töne und Klänge des Lebens, die Liebe sind, Liebe waren und immer Liebe sein werden.
Fühlst du dich von anderen Menschen abgelehnt, dann bringe ihnen dein Mitgefühl entgegen und antworte ihnen mit deiner Essenz, mit Liebe.
Und dann wird Liebe wie ein Echo zu dir gelangen und dich mit Leib und Seele erfüllen.

Gib Liebe und sie wird dir gegeben.
Sei Liebe, nichts anderes, und du wirst so
voller Liebe strahlen, dass dein eigenes
Herz Freude und nichts als Freude
empfinden wird.
Du bist die Liebe, du bist alles.

Wunder der Liebe

Viele Menschen sehen einzig die Lieblosigkeit, die ihnen entgegengebracht wird, statt das Wunder der Liebe in sich selbst zu entdecken. Denn jeder ist aus der Essenz der Liebe entstanden, ist Kind der Liebe und trägt die Energie der Liebe in sich. Dieser innere Reichtum ist strahlender und essentieller als alles andere. Jeder Mensch ist Ausdruck der Liebe. Und im Grunde gibt es nichts anderes als pure und reine Liebe. Allein die Gedanken täuschen Lieblosigkeit vor, wenn sie von Selbsttäuschung und Egoismus geprägt sind.

Wer Lieblosigkeit erfährt, sollte mit der ganzen Kraft seiner Liebe antworten und Mitgefühl verbreiten. Mitgefühl und Dankbarkeit für das Leben und all seine Lernerfahrungen und Erscheinungsformen entlarvt die Lieblosigkeit und entzieht ihr den Schleier des Unwohlseins. Deshalb ist die einzige Antwort auf Lieblosigkeit immer nur Liebe.

Nichts anderes verändert, nichts anderes verwandelt und bringt wieder Lebensfreude. Selbstliebe und ausgesandte Liebe in Gedanke, Wort, Gefühl und Tat lässt das Göttliche in jedem Menschen strahlen und macht Wunder wahr. So kann Liebe wachsen und die ganze Welt in freudiges Licht und liebevolle Freundlichkeit tauchen.

Stehe fest, wenn du mutlos bist

Liebstes Menschenkind, nutze meine Engelskräfte,
um in dir den Mut wie eine zarte Pflanze zu hegen und zu pflegen.
Denn im Grunde deines Herzens bist du voller Stärke,
ein Lichtkind mit Strahlkraft und Tatkraft,
voller Gedanken, Ideen und schöpferischen Talenten.
Sei dir bewusst, dass du schon sehr viel Mut bewiesen hast, auf die Welt zu kommen und dich allen Herausforderungen des Lebens zu stellen.
Lasse deine Ängste los, denn was immer auch geschieht, du bist und bleibst ein Lichtkind, Ausdruck unzerstörbarer Liebe und ewigen Geistes auf allen Ebenen deines Seins.
Blicke deshalb mit Hoffnung ins Leben und wisse, dass genau für dich das Richtige geschehen wird, wenn der richtige Zeitpunkt gekommen ist.
Nimm meine Hand und wage den nächsten Schritt.

Tritt mutig voran und gehe das Risiko ein, auch einmal zu scheitern.
Auch das Scheitern gehört zum Leben und wird deinen Mut auf die Probe stellen.
Aber als göttliches Lichtkind wirst du immer unzerstörbar sein.

Festigkeit statt Mutlosigkeit

Zeiten der Mutlosigkeit kommen immer dann, wenn man Angst vor dem nächsten Schritt hat. Was wird geschehen? Macht das alles Sinn? Soll ich wirklich? Ich traue mich nicht! Ich fühle mich mutlos! Leider wägt das menschliche Hirn immer ab, ob es ein Risiko eingehen soll oder nicht. Die Angst vor dem nächsten Schritt und seinen Folgen wirkt entmutigend, weil im schlimmsten Falle die schlechten Konsequenzen überwiegen könnten.

Aber solches Denken entspricht nicht der Wahrheit. Die Wahrheit ist: Was auch immer geschieht, das geistige Bewusstsein ist reine Liebe und unzerstörbar. Sobald diese Erkenntnis im Herzen wachsen kann und dort als reines Licht entdeckt wird, wird die Angst immer kleiner. Was soll schon geschehen?

Auf der einen Seite ist die Freude der Seele am Wachstum an allen äußeren und inneren Faktoren, wie auch immer diese beschaffen sein mögen. Auf der anderen Seite stehen das Abwarten und Verharren in

Mutlosigkeit. Dies ist nichts anderes als ein Verpassen der Chancen und Vergeuden des Lebens, bis es vorbei ist. Garantien gibt es niemals, aber der Mut, den nächsten Schritt zu tun, zeugt vom Willen, in sich selbst Stärke und Selbstvertrauen zu finden und mit Freude das Beste aus allen Situationen zu machen.

Höre auf deinen Engel, wenn du keine Perspektive siehst

Wenn du nicht weißt, wo es langgehen soll, liebstes Menschenkind,
dann nutze meine Kräfte.
Entdecke die vielen Möglichkeiten des Lebens und lerne,
der Spur deines Herzens und deiner Seele zu folgen,
denn dann bist du immer auf dem richtigen Weg.
Nimm dir die Zeit, dich aus deiner Froschperspektive zu erheben und deinen Blick zunächst in dein Inneres zu lenken,
um dort die wunderbaren Lichtstrahlen Gottes zu finden, die sich in schöpferischer Kraft und Energie in dir ausdrücken.
Und dann gehe deinen Weg.
Gehe ihn unbeirrt, was auch immer alle anderen dazu sagen mögen.
Wichtig ist, dass du der Sehnsucht deines Herzens folgst und ehrlich mit dir bist.

Verrate dich nicht selbst, dann werden neue Perspektiven am Horizont auftauchen, denen du freudig entgegenschreiten kannst.
Meine Kraft führt dich, lässt dich ruhig auf neue Perspektiven warten und dann in Frieden losgehen, um dir Erfüllung zu schenken.

Hingabe statt Perspektivlosigkeit

Kein Mensch kommt immer nur glatt durchs Leben. Oftmals ändern sich die Perspektiven oder sind plötzlich ganz verschwunden. Wo und wie soll es nun weitergehen? Wenn Wege ihrem Ende zugehen, ist es zunächst einmal nötig, sich Zeit zu lassen, um im Inneren nach der eigenen Sehnsucht zu fragen. Wo möchte ich hin? Was ist mir so wichtig, dass ich ihm folgen möchte, komme was wolle? Was bereitet mir die größte Freude? Bei welcher Perspektive jubeln Herz und Seele?

Wer nun in Ruhe abwarten kann, bis die Antworten im Inneren ins Bewusstsein rücken, hat schon gewonnen. In der Stille der Meditation zum Beispiel können neue Perspektiven auftauchen. Die Kräfte der Engel helfen, in sich selbst neue Möglichkeiten zu finden und diesen dann auch mutig zu folgen, selbst wenn das heißt, etwas anderes dafür aufzugeben.

Wer seine Seele nicht verraten will, sich selbst treu bleibt und ehrlich mit sich ist, der wird sich auch von Widerständen nicht abschrecken lassen, sondern seinen Weg gehen. Auch wenn der Weg vielleicht als Sackgasse endet, so war er es dann wert, gegangen zu werden. Im festen Glauben an Wunder und an wunderbare Möglichkeiten und Perspektiven wird jeder Weg zur wahren Freude.

Gebete lindern deine Schmerzen

Liebes Menschenkind, Schmerzen sind Zustände deiner Ganzheitlichkeit, deines Körpers, deines Geistes und deiner Seele, wenn das Leben als Sackgasse erscheint.
Folge dem inneren Licht Gottes,
verzeihe dir selbst und verzeihe allen anderen,
die dir Schmerz zufügen.
Wende dich dem Licht und der Liebe Gottes zu,
die in dir wirken,
um alle Arten von Schmerz hinter dir zu lassen

und allen Menschen, die dir Schmerzen zufügen,
in Liebe den Rücken zu kehren.
Wenn dein Körper dir Schmerzen bereitet,
dann wende dich deiner unzerstörbaren
Vollkommenheit zu, die in den Ebenen
des Geistes zu finden sind, denn
alle Materie ist vergänglich.
Werde heil im Licht der
Ewigkeit, in der Stille des
Seins und im Wissen um das
Wunder deines eigenen
Daseins.

Den Schmerz verwandeln

Schmerzen umfließen den Menschen in zahlreichen Formen. Ob körperliche Schmerzen, verursacht durch Krankheiten und Stress, ob seelische Schmerzen, verursacht durch Verletzungen und Enttäuschungen, oder geistige Schmerzen, verursacht durch Anstrengung und dem Gefühl des Ausbrennens – Schmerzen durchziehen das Leben immer wieder.

Manchmal können Schmerzen unerträglich sein, vor allem, wenn ein anderer Mensch dafür verantwortlich ist. Und andererseits ist ein jeder auch immer wieder für die Schmerzen eines anderen Menschen verantwortlich, ob absichtlich oder unabsichtlich. Die Schmerzspirale kann deshalb nur unterbrochen werden, wenn sich der Mensch im Verzeihen übt, sich selbst und den anderen verzeiht und sich dem schmerzfreien Zustand außerhalb der Materie zuwendet.

In diesen Bewusstseinszuständen gibt es nur Vollkommenheit, Frieden, Licht und Liebe. Das ist das göttliche Sein, das in der Hinwendung an die lichtvolle Liebe gefunden wird und durch das Gebet, der aktiven Reue und dem Verzeihen Wurzeln schlagen kann. Wer den Schmerz annimmt als etwas Menschliches, wird sich mit ihm aussöhnen und ihn schließlich verwandeln.

Dein Engel nimmt sich deiner Schuldgefühle an

Vor allem die Schuld, liebes Menschenkind, ist
Ausdruck des Menschseins.
Ein jeder Mensch wird mit Schuld
konfrontiert werden, wird schuldig
werden an seinem Nächsten,
wird Schuld erfahren, weil andere ihn
verletzen.
Deshalb frage nicht nach der Schuld,
sondern nimm sie an wie sie ist, bereue
aufrichtig, verzeihe dir und anderen,
mache dich frei von ihr, indem du ihr keine Macht
über dich schenkst.
Finde zu deinem reinen Herzen, zu Licht und Liebe,

denn du bist der Ausdruck der Göttlichkeit und Kind Gottes
und ebenso einzigartig.
Gehe einen Schritt weiter in deinem Denken und überlege, wie du trotz
des Vorhandenseins der Schuld in deinem Leben zu Dankbarkeit,
Güte und praktizierter Selbstliebe und Nächstenliebe findest.
Dann nämlich bist du fähig, dich nicht bremsen zu lassen,
sondern mit positiver Leidenschaft schöpferisch tätig zu werden,
was auch immer an Widerstand, Schuld und Behinderung auftaucht.
Entdecke in dir die Einzigartigkeit Gottes, um dem Menschsein die
besten Seiten abzugewinnen.

Im Verzeihen Frieden finden

Schuld macht klein und hässlich, macht krank und verursacht Schmerzen. Aber sie gehört zum Menschsein dazu. Sie mit allen Mitteln zu bekämpfen wäre unsinnig, denn sie ist existent und äußert sich immer wieder. Selbst der erleuchtetste, tapferste und gütigste Mensch wird schuldig oder wird von der Schuld eines anderen getroffen. Es bringt also nichts, im Bewusstsein der Schuld verhaftet zu bleiben, ständig ein schlechtes Gewissen zu haben und sich selbst damit noch kleiner und unfähiger zu machen.

Hier hilft das aufrichtige Bereuen, das Verzeihen, das Anerkennen der Schuld und die Hinwendung an das göttliche Selbst, das in jedem Menschen wirkt und heil macht. Mit Hilfe der Engelskraft gelingt diese Hinwendung immer wieder und schafft inneren Frieden und Freiheit, so dass neue Kraft vorhanden ist, um wieder schöpferisch tätig zu werden. Nun kann der Mensch erkennen, dass er nicht perfekt ist, dass er eben ein Mensch ist und bleibt, solange er im Leben weilt.

Dass er zwar Fehler macht, dass er aber ständig die Wahl hat, wieder alles gut zu machen und im Verzeihen Frieden findet. In der Hinwendung an die Ewigkeit göttlicher Liebe wird schließlich Freiheit zum Wohle aller möglich.

Nimm die Stärke der Engel, wenn du dich schwach fühlst

Wenn du überforderst bist vom Leben und von deinen eigenen Ansprüchen an dich selbst, liebes Menschenkind,
dann wirst du dich schwach, müde und ausgelaugt fühlen.
Was willst du wirklich? Was ist dir wichtig im Leben?
Wo setzt du Prioritäten? Wo führt dein Herz dich hin?
Du kannst es nicht allen recht machen!
Dieser Anspruch an dich selbst ist immer zum Scheitern verurteilt.
Entscheide dich deshalb für den Weg deines Herzens,
alles andere lass los,
damit es Liebe und Zuwendung von anderer Seite erfahren kann.
Bringe deine Kraft dort ein, wo du dich am richtigen Platz fühlst.
Bringe deine Leidenschaft dort zum Ausdruck, wo du das Gefühl hast, dass dir Liebe und Wertschätzung entgegengebracht wird und du geliebt wirst wie du bist.

In der Liebe Gottes, deiner Einzigartigkeit und in den Herzen der Menschen, die dich lieben, wirst du wieder Kraft finden und alle menschlichen Schwächen überwinden.

Spirituelle Stärke statt Schwäche

Schwäche ist zum einen das Gefühl der permanenten Überforderung und Erschöpfung. Zum anderen aber ist Schwäche der Ausdruck der eigenen Unfähigkeit, dem Leben eine Richtung zu verleihen und sich für den Weg des eigenen Herzens zu entscheiden. Wer es allen recht machen will, schwächt sich selbst und ist zu schwach, um die eigenen Bedürfnisse zu achten und zu respektieren.

Dahinter steckt die Angst, Liebe und Zuneigung zu verlieren, aber auch der überhöhte Anspruch an sich selbst, Unmögliches möglich machen zu können, weil die Seele so viel in dieses Leben einbringen will. Doch der Mensch dahinter streikt. Dem menschlichen Dasein sind eben Grenzen gesetzt, die es zu erkennen gilt.

Nun gilt es, einen Gang herunterzuschalten, der ureigensten Sehnsucht des Herzens zu folgen und sich zu fragen, was denn nun wirklich wichtig ist und wo der Einsatz auch mit Liebe und Respekt Früchte tragen kann. Denn dann wird jede Tatkraft mit neuer Energie belohnt und Liebe kann zwischen den Menschen fließen. Dort wo der Mensch geliebt wird wie er ist, befindet er sich am richtigen Platz im Leben und wird ganzheitlich Kraft und Lebensfreude erfahren.

Wenn die Sehnsucht dich verzehrt

Liebstes Menschenkind,
Sehnsucht ist eine energiegeladene Kraft, die ins Positive, aber auch ins Negative geraten kann,
je nachdem, für welche Richtung du dich entscheidest.
Ist deine Sehnsucht voller Liebe und Dankbarkeit,
wird sie für dich zum Katalysator werden, um schöpferisch dein Leben zu gestalten, den Sinn deines Daseins zu finden und deinem Herzen voller Freude zu folgen.
Ansonsten wird sie zerstörerisch sein, dich schwächen und dir Schmerzen verursachen.
Als Mensch wirst du beide Seiten erleben, doch mit Hilfe der göttlichen Kraft der Engel wirst du den lebendigen Ausdruck der Liebe in dir finden und die Sehnsucht als Einzigartigkeit deiner lichtvollen Göttlichkeit erkennen.

Denn du bist die Liebe. Du bist das ewige Licht, das sich danach sehnt, als Mensch die Freude des Lebens auszukosten.
So lebe in dieser Sehnsucht und freue dich an ihr!

Verschmelzung im Gefühl der Sehnsucht

Sehnsucht geht immer in zwei Richtungen, kann zerstörerisch sein, kann aber ebenso der Ausdruck der puren Lebensfreude sein, die schöpferisch wirkt und Begeisterung auslöst, um den Weg des Herzens zu gehen und die Seele zum Jubeln zu bringen.

Wer sich öfter fragt, was seine wirkliche Sehnsucht ist, wird den Sinn seines Lebens finden. Und er wird erfahren, dass sich Sehnsucht als absolute Freude äußert. So kann die Sehnsucht alles sein. Sie kann Berge versetzen, das Leben verwandeln, Licht und Liebe in sich selbst entdecken und für andere bereitstellen. Sehnsucht gibt dem Menschsein Bewegung und Berührung.

Dazu muss der Mensch allerdings bereit sein, seinen eigenen Willen als Willen Gottes zu erkennen. Denn die göttliche Sehnsucht ist es, in jedem Menschen das Menschsein zu erleben und zu feiern. So darf Sehnsucht niemals nur reines Begehren und Habenwollen sein, sondern fließende Liebe, die Körper, Geist und Seele umfasst und zur Antriebsfeder des Schöpferischen wird. Dann erfährt der Mensch die Berührung Gottes in allen Bereichen seines Lebens.

Vertraue, auch bei Gefühlen von Sinnlosigkeit

Hast du vergessen, dass du aus reiner Liebe bestehst?
Dass du Kind Gottes bist und diese Kraft in dir trägst, um dich als Mensch zu erfahren?
Erinnere dich daran, dass jede Erfahrung in deinem Leben Sinn ergibt, auch wenn du diesen Sinn nicht sofort erkennst.
Erinnere dich, dass du tief in dich hören kannst, um den Sinn deines Lebens zu finden,
um die Aufgaben deines Lebens zu bewältigen,
um zu wissen, dass du Licht und Liebe in dir trägst und außerhalb des Menschseins ein Kind der Ewigkeit bist, immer vollkommen, unendlich sinnvoll.
Denn dies ist die einzige Gewissheit: Du bist das Bewusstsein der Liebe, ein Teil Gottes.

Und der Sinn deines Lebens liegt im Ver-
trauen, im Glauben und der Gewissheit,
dass für dich genau das Richtige
geschehen wird,
was immer auch sonst in deinem Leben geschieht.
Hab Vertrauen! Es gibt nur Sinn, sonst nichts.

Vertrauen und Gewissheit

Angesichts der Grausamkeiten in der Welt stellt sich die Frage nach dem Sinn dahinter fast täglich. Was soll das alles? Ist das Leben nicht eine einzige Sinnlosigkeit? Kommen dann auch noch persönliche Krisen dazu, wird der ganze Lebenssinn in Frage gestellt. Das Fatale daran ist, dass die Frage nach dem Sinn nicht beantwortet werden kann, denn sie liegt im Glauben, im Vertrauen und in der Gewissheit, dass alles einen Sinn hat. Für den menschlichen Verstand ist dies nicht nachzuvollziehen.

Den Sinn des Lebens findet man deshalb auch nicht über das Nachdenken, sondern nur über das Sein und die Hinwendung an die göttliche Liebeskraft, die das Menschsein ausmacht. Im Transzendenten kann die Spur einer Erklärung gefunden werden, aber jede Beurteilung wirft nur wieder neue Fragen auf. Was also ist sinnvoll? Eben nur die Gewissheit im Glauben an den Sinn.

Im Leben ist Sinn das, was der Mensch daraus macht. Er gibt sich selbst den Sinn seines Lebens und folgt ihm mit all seiner Herzenskraft. Das andere, große Unbekannte verlangt Gewissheit. Und dann geschieht das Richtige, weil der Mensch aufhört darüber zu urteilen. Und alles ist plötzlich sinnvoll.

Wenn du voller Sorge bist

Was sorgst du dich, liebes Menschenkind?
Lass die Sorgen durch dich hindurchfließen, ohne
sie in dir festzuhalten,
denn sie sind nichts anderes als Behinderungen
auf deinem Weg durchs Leben,
die aus deinen Ängsten geboren werden.
Lerne, dir selbst zu vertrauen, deine eigenen
Stärken zu erkennen und dir jederzeit bewusst zu sein,
dass du in deiner göttlichen Liebe unzerstörbar bist.
Du bist aus Licht und Liebe gemacht, bestimmt, nach den
Sternen zu greifen und die Unendlichkeit in dir zu entdecken.
Erkenne die Chance jeder Sorge, dein Leben zu verändern, einen
neuen Weg zu finden.

Lass es laufen im Leben und gib dich dem Lebensfluss hin, auch wenn er Sorgen bringt und verändere ihn, wenn er nicht mehr passend ist.
Die lichte Kraft deiner Seele wird dich führen.

Mit Verzauberung gegen die Sorgen

Gibt es einen Menschen, der sich keine Sorgen macht? Nein. Es ist also völlig menschlich, mit Sorgen sein Leben zu verbringen. Die Frage ist nur: Müssen die Sorgen das Leben so beeinträchtigen, dass alle Lebensfreude dahin ist und dass Mutlosigkeit und Angst den Alltag beherrschen? Sorgen sind dazu da, Vorsicht walten zu lassen, nachzudenken, sich der Fragen und Probleme bewusst zu werden, sie anzusehen und sie dann zu verabschieden, ohne sie in sich festzuhalten, bis man krank vor Sorge ist.

Wer sich allzu viele Sorgen macht sollte wissen, dass es Zeit ist, etwas im Leben zu verändern. Denn Sorgen sind immer auch ein Ausdruck von Wegen, die eigentlich nicht mehr ins Leben passen. Ist ein Weg passend, verschwinden die Sorgen von selbst und reine Lebensfreude wird spürbar. Was also soll verändert werden? Wo ist der Mensch festgefahren?

In dem Bewusstheit, ein Kind Gottes zu sein, liegt auch die Kraft der Veränderung. Manchmal ist allein schon die Veränderung der inneren Einstellung ausschlaggebend, dass Sorgen keine Chance mehr bekommen und wieder Frieden empfunden werden kann. Auf dem Weg des Herzens gibt es nämlich nur Freude!

Wenn Streit in der Luft liegt

Streit, liebes Menschenkind, ist ein Ausdruck der himmlischen Vielfältigkeit und Individualität des Menschen.
Im Streit werden Meinungen mit Leidenschaft sichtbar vertreten, die mit lauten Worten einhergehen.
Doch jedes Wort kann verletzend sein, vor allem, wenn es manipulierend wirkt und dem anderen seinen Willen aufzwingen will.
Deshalb entscheide dich, ob du mit Menschen zusammen leben willst, mit denen es keine Übereinstimmung und Harmonie mehr gibt.
Begrüße Meinungsverschiedenheiten, die zur Klärung eines Sachverhaltes beitragen und reinigend zum Wohl aller wirken.
Aber nimm Abstand von einer Atmosphäre,
die dein inneres Gleichgewicht auf Dauer zerstört, weil nur noch Missklänge das Miteinander bestimmen.

Die Engelskraft schenkt dir die nötige Energie, dich aus giftigen Beziehungen zu lösen, denn Dauerstreitereien schwächen alle Beteiligten. Sei stark genug, für einen neuen Weg der Harmonie einzustehen.

Erinnere dich bei Streit an Sympathien

In jeder Beziehung gibt es Streitereien, weil verschiedene Meinungen aufeinander prallen. Ob zwischen Eltern und Kindern, zwischen Liebespartnern, Freunden, Fremden oder innerhalb von geschäftlichen Beziehungen – jedes Miteinander bringt manchmal Auseinandersetzungen mit sich.

Auf ein konstruktives Streitgespräch sollte eine Einigung, ein Kompromiss, eine Veränderung oder ein Neuanfang folgen. Zur Versöhnung und zur dauerhaften Harmonie bedarf es darüber hinaus von beiden Seiten das Bewusstsein, sich entschuldigen zu können, Reue zu zeigen und dem anderen und sich selbst zu vergeben. Dann kann wieder Frieden herrschen. Und dieser Frieden beginnt mit der Selbstliebe des Herzens und schließt die Liebe für den anderen mit ein. Manchmal aber kann dauerhafter Friede nur hergestellt werden, wenn ein ganz neuer Weg eingeschlagen wird und es zur Trennung kommt.

Dann ist es sinnvoll, den anderen in Frieden gehen zu lassen, nicht nachtragend zu sein und sich reinen Herzens von ihm zu verabschieden. Möge jeder Mensch den Mut aus seiner lichten Göttlichkeit finden, eine giftige Beziehung hinter sich zu lassen und neuen Ufern entgegenzueilen.

Wenn du traurig bist

Liebes Menschenkind, all die Dinge und Menschen, die dich traurig machen, lassen wehmütige Gefühle in dir entstehen, und du weißt, dass zwischen heller Freude und tiefer Traurigkeit immer die ganze Bandbreite deiner Gefühle liegt.
Traurig zu sein gehört zu deinem Leben
und zeigt dir erst, wie wertvoll und ganzheitlich das Leben ist.
Sei froh, dass du so empfinden kannst, denn nicht die anderen tragen Schuld wegen deiner Traurigkeit, sondern nur du allein.
Du könntest immer auch darüber lachen oder dich abwenden und gelassen bleiben.
Du entscheidest dich aber für die Traurigkeit und spülst mit deinen Tränen deinen Kummer hinweg.

Vergiss dennoch nie, dass du immer das geliebte Kind Gottes bist und dass das Schönste an deinem Sein das helle, strahlende Licht der Liebe ist, die keine Traurigkeit kennt.
So lasse das Gefühl der Traurigkeit kommen und gehen im Fluss des Seins und vertraue auf die himmlische Tröstung meines Flügels.

Herrlichkeit statt Traurigkeit

Wer traurig ist, kann den Ansprüchen des Lebens nicht mehr nur mit Freude, Gelassenheit oder Gleichmut entgegentreten. Das wäre auch zu viel verlangt. Denn der Kummer, der den Menschen plagt, ist allzu menschlich und immer wieder gegenwärtig. Ihn zu verdrängen würde der Seele nur schaden.

Nicht immer reicht aber die Kraft, ihn mit Gelassenheit aufzunehmen oder sogar darüber zu lachen. Dann fließen eben Tränen. Und das ist ganz normal. Traurigkeit ist deshalb etwas zutiefst Menschliches, das sich vom Inneren der Seele nach außen trägt und alle Sorgen wegspült. Wichtig ist nur, nicht in der Traurigkeit unterzugehen, sondern wie ein Kanal alle Gefühle des Lebens anzunehmen und als Bestandteil des Lebens zu erkennen.

Dann kann die Traurigkeit durch den Menschen reinigend hindurchfließen und ihn schließlich befreien. Nun wird die Sicht wieder frei auf das eigentliche Sein, die Herrlichkeit göttlicher Liebe und göttlichen Lichts. Die Engel geben Kraft, die Traurigkeit mutig fließen zu lassen und schließlich frisch gestärkt und tapfer die neuen Herausforderungen des Leben anzunehmen.

Wenn du dich von allem getrennt fühlst

Liebstes Kind, du bist nie getrennt vom Göttlichen, vom Universum, von deinen Mitmenschen und von allem, was dich umgibt.
Im Grunde besteht alles aus Verbindungen und ewiger Verbundenheit.
Dir dies bewusst zu machen, kann dich trösten, wenn du dich verlassen oder einsam fühlst.
Dennoch kann es nötig sein, dass du eine aktive Trennung praktizieren musst, um dich von Menschen zu lösen, die dich auf deinem Lebensweg behindern und dir nicht gut tun.
Trenne dich zum Wohle aller mit reinem Herzen, in Freundschaft, mit Respekt und Aufrichtigkeit, denn alles ist heilig und jeder trägt Licht und Liebe in sich.
Lasse Dank in deinem Herzen sein.

Solltest du der Verlassene sein, dann sei nicht nachtragend, sondern lasse all jene ziehen, die ihren Weg nun ohne dich weitergehen wollen oder müssen.
Im Grunde ist immer alles eins und herrscht ewige Verbundenheit.

Einheit überbrückt Trennungsgefühle

Das Gefühl, von allem getrennt zu sein, ist nur eine Illusion. Es hängt alles miteinander zusammen – schon auf atomarer Ebene. Die feste Struktur unserer Körper macht dieses Erkennen schwierig. Körper können sich nicht wirklich wahrnehmbar vereinen, nur im Geiste gibt es wahre Einheit. Diese Verbindungen sind ewig.

Im Leben allerdings wird es immer wieder Situationen geben, in denen bewusste Trennungen sinnvoll sind. Sei es, weil Menschen nicht mehr auf demselben Weg sind oder sei es, weil der eine den anderen in seiner geistigen und seelischen Entwicklung hemmt oder behindert.

Solch eine Beziehung sollte in aller Liebe aufgelöst werden, so dass jeder seines Weges gehen kann. Dies ist einfacher gesagt als getan. Trennungen gehören zu den schmerzlichsten Erfahrungen im Leben eines Menschen. So mancher benötigt sehr, sehr lange, bis er bereit ist, sich aus einer giftigen Beziehung zu lösen. Hier hilft das Vertrauen auf die göttliche Kraft, die zum Wohle aller das Beste für jeden einzelnen anstrebt. Im Vertrauen auf Licht und Liebe und auf die richtige Entscheidung wird der Punkt kommen, an dem jede Trennung wie eine Befreiung für alle Beteiligten sein wird.

Wenn du in Treulosigkeit gefangen bist

Liebstes Menschenkind, du bist treulos, wenn du deine eigene Seele verrätst.
Deshalb frage dich immer wieder, welches die wahre, heilige Sehnsucht deiner Seele und deines Herzens ist.
Dieser bist du treu.
Wenn du einem anderen Menschen etwas gewaltsam wegnimmst und sein heiliges göttliches Licht mit Füßen trittst, dann bist du treulos.
Aber wenn du dasselbe mit dir tust, dann bist du ebenso treulos.
Treulosigkeit gehört zum Menschsein, doch frage immer wieder nach dem Wesentlichen deiner Seele, um dem Heiligen und Göttlichen im Leben treu zu sein.

Wenn du nicht treu sein kannst oder enttäuscht bist über die Treulosigkeit der anderen, dann übe Vergebung und begebe dich auf die Suche nach deiner eigenen Wahrheit. Das, was in dir Freude entfacht, wird dir helfen, treu zu sein und den anderen zu vertrauen, sodass sie dir treu sein können.

Siehe immer das wahre Licht, die wahre Liebe Gottes, denn Gott ist immer treu.

Heiligkeit statt Treulosigkeit

Treue ist ein sehr dehnbarer Begriff. Gesellschaftliche Normen, persönliche Werte und Moralvorstellungen prägen die Treue und so kann etwas, das für den einen treulos ist, für den anderen noch ganz natürlich sein. Treu sein kann der Mensch in erster Linie nur sich selbst, der heiligen Sehnsucht seiner Seele und seines Herzens. Erst, wenn dies gelingt, dann kann er auch allen anderen Menschen treu sein oder ihnen zu verstehen geben, dass er die Anspruchshaltung der Treue nicht erfüllen kann, weil er sich sonst selbst verraten müsste.

Jemand, der sich verbiegen muss, um einem anderen zu gefallen, ist sich selbst nicht treu. Er wird mit der Zeit ernsthafte Schwierigkeiten haben und in Gewissenskonflikte geraten. Schließlich kann es so weit gehen, dass er krank wird und den Druck, der ihm auf der Seele lastet, nicht mehr erträgt. Denn die Seele sehnt sich nach Treue! Und darin entsteht die Lebensfreude. Wer sich treu ist, ist voller Freude, kann sich selbst und anderen verzeihen und Vertrauen haben.

In jedem und allem scheint das Licht Gottes. Und dort liegt die wirkliche Treue. Gottvertrauen ist deshalb der beste Weg, mit den menschlichen Anspruchshaltungen an die Treue zurechtzukommen und seinen eigenen Weg der Treue zu finden.

Wenn du deiner nicht völlig bewusst bist

Lebst du unbewusst, liebes Menschenkind?
Handelst du nicht im Einklang von Körper, Geist und Seele?
Was ist dir wirklich wichtig?
Was ist wesentlich in deinem Leben?
Was ist der Sinn deines Lebens?
Was ist die Sehnsucht deiner Seele?
Solange du dir diese Fragen nicht beantwortest oder dich davor drückst, lebst du unbewusst und schöpfst nicht das volle Potential deines Menschseins aus, sondern verweilst in Ängsten und Sorgen, die dir das Leben schwer machen.

Bewusst zu leben bedeutet, dich selbst mit allen Sinnen zu erfahren und zu wissen, dass Gottes Kraft in dir wirkt und dass du aus Licht und Liebe gemacht bist. Werde dir bewusst, dass du auf der geistigen Ebene unsterblich bist und dass die Unendlichkeit in deinem Bewusstsein lebt.

Sei bewusst und sei gewiss, dass das Leben eine wunderbare Möglichkeit ist, mit allen Sinnen wahrgenommen und geliebt zu werden.

Der Weg der Liebe

Fast könnte man meinen, der Mensch wäre zur Unbewusstheit verdammt. Selbst die einfachsten Fragen des Lebens ziehen an ihm vorbei, ohne dass sie ihm bewusst werden. Andererseits – auch das ist klar – kann der menschliche Verstand noch so lange über diese essenziellen Fragen nachdenken und wird dennoch nie eine wirklich befriedigende Antwort bekommen. Selbst das unendliche und unsterbliche Bewusstsein kann nicht bewiesen oder ergründet werden.

Wozu dann all die Bewusstheit, wenn dem Menschen schließlich nichts anderes übrig bleibt als wie ein Kind in den Tag hinein zu leben? Die Bewusstheit liegt darin, sich selbst, seine Umwelt und die essentiellen Fragen des Lebens bewusst wahrzunehmen und der Sehnsucht der Seele zu folgen. Mehr ist nicht möglich. Nur im absoluten Vertrauen auf den Sinn der gesamten Existenz ist die bewusste Erfahrung Gottes und der eigenen Göttlichkeit möglich.

Bewusstheit ist deshalb das bewusste Loslassen und die Hingabe an Gottes Liebe. Es ist aber auch das bewusste Annehmen des Lebens so wie es ist. Durch dieses Bewusstsein wird Lebensfreude möglich. Bewusstheit ist der ewige Weg der Liebe.

Die Kraft der Ewigkeit heilt deine Verletzungen

Wenn du verletzt bist, liebes Menschenkind, dann lasse all deine Gefühle in dir zu und verdränge nicht die Traurigkeit oder Wut, die in dir zu finden ist.
Denn nicht nur du wirst verletzt,
auch du selbst verletzt die anderen.
Und in diesem menschlichen Dasein geht es schließlich darum, all deine Verletzungen anzunehmen, sie zu erleben und sie dann loszulassen, indem du dem Leben, dir selbst und den Menschen verzeihst.
Kein Leben ist so perfekt, dass es nicht eine äußerst komplexe Mischung aus Freude, Erfüllung, aber eben auch Verletzungen gibt.
Erinnere dich an deine Unverletzlichkeit im Inneren deines Bewusstseins, denn dort bist du unverwundbar.

Denn dort gilt für jeden das ewige Licht und die göttliche Liebe.
Im Leben aber brauchst du die Stärke, deine Verletzungen als
ein Teil von dir zu begreifen und an ihnen nicht zu zerbrechen,
sondern zu wachsen.
Unsere Engelskraft lässt dafür deine immerwährende Energie strahlen.

Ewigkeit und Unversehrtheit

Wer seelisch oder körperlich verletzt ist, reagiert zunächst mit Enttäuschung, Trauer oder Wut. Und das ist gut so. Denn Verletzungen gehören zum Leben dazu. Der Mensch wird verletzt und verletzt schließlich auch andere. Dieses Prinzip durchzieht alle Beziehungen und macht das Leben erst einzigartig, auch wenn es Schmerzen bereitet. Auch der heilige Zorn gehört zum Leben, deshalb tut es gut, all seine Gefühle zuzulassen und nicht zu verdrängen.

Die Leidenschaft, die eine Verletzung mit sich bringt, bereitet den Boden für eine Neuorientierung. Davor aber gehört das Annehmen und das Loslassen der Gefühle. Nun kann Vergebung erfolgen. Und so vergibt sich der Mensch immer zuerst selbst und dann den anderen und dem Leben selbst. Wer dann frei ist von Anschuldigungen und Schuldgefühlen, kann die Verletzung heilen lassen und den Blick auf das Unverletzliche lenken, nämlich die ewige Liebe.

Die Seele, das reine Bewusstsein, ist immer unverletzlich und strahlt voller Energie. Daraus kann der Mensch neue Kraft schöpfen und trotz aller Verletzungen immer die Chance des Wachstums und der Reife sehen. Die Engel helfen, diese schwierigen Lebensphasen unbeschadet zu überstehen.

Die Kraft der Erleuchtung hilft gegen Verzweiflung

Verzweiflung, liebstes Menschenkind, entstammt dem eigenen Zweifel. Wenn dich also die Verzweiflung plagt, lege zunächst den Zweifel in deinem Herzen ab, um die dunklen Schleier aus deinem Blick zu rücken. Du bist ein Kind der Liebe und zweifellos ein Ausdruck lichtvoller Göttlichkeit, deshalb wende dich deinem Inneren zu, wenn die äußere Welt dich verzweifeln lässt.
Was ist deine Wahrheit?
Wo liegt der Sinn deines Lebens?
Welches ist der Weg?
Welches ist der nächste Schritt?
Wenn du am Verzweifeln bist, lege all deinen Kummer in die Hände Gottes, indem du sie uns Engelkräften gibst.
Lasse los und werde frei, dann wird dich neue Hoffnung durchströmen, dann werden Wunder wahr.

Solange du an Wunder glaubst und ihre Gewissheit in dir trägst, kann die Verzweiflung dir nichts anhaben.

Erleuchtung durch das innere Licht

Wer verzweifelt ist, der sieht nicht mehr weiter. Es gibt keinen Weg mehr, der beschritten werden kann. Alles versinkt in Hoffnungslosigkeit, wenn der Zweifel regiert. Das eigene Misstrauen bringt den Menschen dazu, seinen festen Glauben an das Wunderbare im Leben zu verlieren und die bedingungslose Gewissheit, dass alles gut und richtig ist, aufzugeben. Der Zweifel ist das eigentlich Übel, denn er macht bitter und dunkel. Er raubt die Kräfte und trübt den Blick.

Verzweiflung kann nicht einfach abgeschafft werden, denn sie überfällt jeden irgendwann einmal. Wichtig ist nur, sich der Zweifel bewusst zu werden und sie aktiv loszulassen. Es gibt keinen Grund mehr für die Verzweiflung, denn das innere Licht Gottes umfasst nicht nur das eigene Selbst, sondern das gesamte Universum auf allen Ebenen.

Die Welt ist eine Welt voller Wunder, voller Hoffnung, voller Freude und Lebendigkeit, wenn der Mensch es so will. Und wenn die Verzweiflung kommt, kann sie getrost in die liebenden Hände Gottes abgegeben werden. Dann kann der Mensch aufatmen und Gottes Willen wirken lassen zum Wohle aller. Nun gibt es wieder Glauben und Gewissheit. Und alles ist wieder gut.

Wenn du dich zerbrechlich fühlst

Fühlst du dich klein und zerbrechlich, liebes Menschenkind?
Denkst du, dass du zu zart bist, um die Herausforderungen des Lebens zu meistern?
Meinst du, du bist zu schwach für alles, was auf dich zukommt?
Zart und zerbrechlich zu sein hat nichts mit deiner äußeren Erscheinung zu tun.
Zerbrechlichkeit ist eine Geisteshaltung, die dich selbst lähmt und deine göttliche Großartigkeit in dir mit Füßen tritt.
Deshalb stehe zu dir selbst und stelle dein Licht nicht unter den Scheffel.
Du bist jemand!
Du bist fähig, dein Leben selbst in die Hand zu nehmen und schöpferisch zu gestalten, mehr noch,
du bist fähig, deine Welt mit deinen Talenten mitzugestalten und ihr einen Sinn zu verleihen.

Das ist die wahre Stärke, die in dir wohnt, du musst sie nur bewusst wahrnehmen.

Mit Glaubensstärke gegen Zerbrechlichkeit

Wenn sich die Menschen für zerbrechlich halten, haben sie ihre wahre Stärke noch nicht in sich selbst gefunden. Dabei wartet dieses Stärke nur darauf, endlich entdeckt und angewandt zu werden. Zerbrechlichkeit ist eine Illusion. Niemand ist wirklich zerbrechlich. In jedem Menschen steckt die göttliche Kompetenz, das Leben zu meistern. Dafür hat jeder seine Talente mitbekommen. Diese machen es dem Menschen möglich, aktiv und schöpferisch tätig zu werden und nicht nur das eigene Leben zu gestalten, sondern der Welt ein Stück von sich selbst zu schenken.

Eines aber sollte der Mensch wissen: Zerbrechlich ist nur das Äußere, und so wie jeder Mensch einmalig ist, ist es auch sein Leben. Deshalb sollte niemand versäumen, sich selbst und seine Nächsten mit Liebe und Aufmerksamkeit zu versorgen und die gemeinsame Zeit zu nutzen, die einem geschenkt wird. Denn irgendwann ist das Leben zu Ende, und dann ist es zu spät. Deshalb sollte der Mensch mit seiner

Liebe nie sparsam umgehen, sondern sie großzügig verschenken und den Menschen, die ihm wichtig sind, von seiner Liebe erzählen. So kann Stärke durch die aufrichtige Liebe weitergegeben werden und Lebensfreude entstehen lassen.

Wenn du dich zerrissen fühlst

Liebes Menschenkind, wenn du dich zerrissen fühlst im Leben, dann überlege dir, ob du nicht besser von deiner Absicht ablässt, es allen recht machen zu müssen.
Gehe in dich und ordne deine Angelegenheiten.
Setze dir Prioritäten und entscheide, was wichtig ist und was warten kann.
Dies ist ganz allein deine Entscheidung, und so wie sich deine Prioritäten ändern können, ändert sich deine Entscheidung, denn nur so wirst du wieder inneren und äußeren Frieden finden.
Manche Menschen werden dir deshalb zürnen und enttäuscht sein, dann liegt es an dir, zu deiner Entscheidung zu stehen und die Menschen aufzuklären.

Wer dann kein Verständnis zeigt, ist es nicht wert, weiter Beachtung zu finden. Entlasse ihn in Frieden und vereine deine körperlichen, geistigen und seelischen Bedürfnisse, dann wird zum Wohle aller Harmonie einkehren und das Gefühl der Zerrissenheit wird dem der Lebensfreude weichen.
Und alles wird in Ruhe und Gelassenheit geschehen.

Verbundenheit statt Zerrissenheit

Die innere und äußere Zerrissenheit im Menschen ist nichts anderes als die Unfähigkeit, Prioritäten zu setzen. Wer es allen recht machen möchte, scheitert sowieso, weil dies unmöglich ist. Irgendeiner wird so oder so immer enttäuscht sein. Das ist ganz normal. Wichtig ist nur, dass jener, der auf der Prioritätenliste weiter hinten steht, Verständnis zeigen kann. Oder er muss sich eben für immer abwenden. Auch das ist nicht zu ändern.

So aber besteht die Möglichkeit, wieder mit Leib und Seele zu ganzheitlichem Frieden und Lebensfreude zu gelangen und die Zerrissenheit hinter sich zu lassen. Jetzt endlich kann der Mensch aufatmen und sich besinnen auf das, was ihm wirklich wichtig ist. Und dem folgt er mit all seiner Begeisterungsfähigkeit und Leidenschaft. Er folgt seinem Herzen in der Gewissheit, dass es anderen genauso geht wie ihm. Denn jeder wird sich irgendwann zerrissen fühlen und nun die Angelegenheiten seines Lebens ins Reine bringen.

Die Engelskraft hilft, die innere Stärke zu entwickeln, sich bewusst und in aller Liebe entscheiden zu können und die unwichtigen Dinge loszulassen, um frei zu werden für den Weg der Seele in Liebe und Licht.

Seligkeit hilft dir bei Ziellosigkeit

Liebes Menschenkind, wenn du ziellos bist und nicht weißt, wohin dich dein Weg führen soll, dann vertraue der Führung Gottes.
Lege in die Arme der Engel deine Unfähigkeit, den Weg deiner Seele zu überblicken und vertraue, dass der Wille Gottes in dir zum Ausdruck kommt und dir den richtigen Hinweis zur richtigen Zeit geben wird.
Wenn zu viele Möglichkeiten und Perspektiven dich locken, dann lasse alle los und ziehe dich in Stille zurück, um auf die Antwort der göttlichen Führung zu warten, die dir die Richtung weisen wird.
Habe Geduld, denn dieser Findungsprozess kann eine Weile dauern.
In der Zwischenzeit sei einfach fröhlich und genieße dein Leben mit allen Sinnen.
Halte dich mit allen Sinnen bereit, auf die Hinweise zu achten, die in dir ein neues Ziel entstehen lassen.

Falsche Ziele gibt es nicht! Deshalb lasse dich nicht abschrecken, wenn der Weg zu deinem Ziel schon nach kurzer Zeit zu Ende ist. Der Weg selbst ist das Ziel, und deine Seele hatte Freude, im Gehen des Weges Erfüllung zu finden.

Der Weg ist das Ziel

Ziellosigkeit ist eigentlich nichts Schlimmes, sondern schenkt dem Menschen sinnvolle Pausen, um sich auf dem Lebensweg auszuruhen und Gott die Führung zu überlassen. Wer darauf vertraut, dass sich das richtige Ziel schon finden wird, kann nun mit allen Sinnen die Ziellosigkeit genießen. Wichtig ist, sich nicht verkrampft abmühen zu wollen, möglichst schnell neue Ziele zu finden und neue Wege zu beschreiten. Oftmals sind die Möglichkeiten und Perspektiven so zahlreich, dass sowieso heillose Ratlosigkeit vorherrscht.

In welche Richtung soll das Leben nun gehen? Soll ich mich für dieses oder jenes Ziel entscheiden? Was wird besser für mich sein? Wer in diesen Fragen verhaftet ist, sollte erst einmal loslassen, sich zurücklehnen und in aller Stille und Ruhe auf die kommenden Antworten warten, die sich in vielen kleinen Hinweisen zeigen werden. Entweder durch Bücher, durch Begebenheiten, Situationen oder die plötzliche Gewissheit im Inneren, dass dies jetzt genau das richtige Ziel ist. Allerdings kann es dauern, bis Antworten kommen, deshalb helfen die Engel dem Menschen, die Ziellosigkeit bewusst anzunehmen, in Gottvertrauen zu verwandeln und sich zu sagen, dass jeder Weg schon das Ziel in sich trägt.

Die Autorin

ZORA GIENGER tritt seit ihrer Ballett- und Tanzausbildung als freie Künstlerin mit eigenen Choreografien auf und gestaltet meditative Kunstprojekte. Außerdem unterrichtet die Bewegungspädagogin unter anderem Yoga und ist Dozentin für Wellness und Gesundheit.

Produktion: Medienprojekte München
Covergestaltung: Katharina Schweissguth, München
Coverabbildung: Fotosearch

003

ISBN-10: 3-8112-2736-X
ISBN-13: 978-3-8112-2736-1

5 4 3 2 1

www.gondrom-verlag.de